JN437912

여름 옥탑방

김일규 제2시집

삶의 마음이 아픈 자는 이야기 꾼이 된다.
그러나
삶의 살이 아픈 자는 시인이 될 수밖에 없다.

영문 詩選 ⑰

여름 옥탑방

■
초판 1쇄 인쇄 / 2022년 4월 20일
초판 1쇄 발행 / 2022년 4월 30일

■
지은이 / 김 일 규
펴낸이 / 김 수 관
펴낸곳 / 도서출판 영문
03401 서울시 은평구 역말로 53(역촌동)
☏ (02)357-8585
FAX • (02)382-4411
E-mail • kskym49@daum.net

■
출판등록번호 / 제 03-01016호
출판등록일 / 1997. 7. 24

정가 12,000원
ISBN 978-89-8487-356-8 03810
Printed in Korea

영문 詩選 17

여름 옥탑방

김일규 제2시집

머리말

때 묻은 시집을 출간하며

울면서 태어나 허공에서 허덕이다 흔적 하나 없이 사라질 인생, 점이라도 하나 찍고 떠나려는 내 애틋한 삶의 이야기, 오물 묻은 시집을 내려한다.

왠지 선무당 사람 잡는 것만 같아 착잡한 마음 숨길 수 없다. "삶의 마음이 아픈 자는 이야기꾼이 되고, 삶의 살이 아픈 자는 시인이 된다."

어느 시인의 말을 되씹으며 내가 바라는 것들 다 하지 못하고 내 싱거운 삶에 양념 쳐 시집을 낸다는 것이 시를 모독하는 것만 같아 나오는 선웃음을 숨길 수 없다.

시를 쓴다는 것은 일상생활에서 겪고 체득하고 느낀 이야기들을 끄집어내 '시'라는 문학적 형식을 빌려 그저 담담하게 나오는 대로 토막 쳐 써놓는 것이라 믿고 덤벙대며 무리한 억지를 쓰고 있는 내 꼴이 우스꽝스럽기만 하다.

나는 나 자신을 소개할 거리가 없는 늙은이 뿐이다.

시라는 문학적 수련도, 탄탄한 기초도 없다. 지고한 시성도, 시풍도 없다. 물론 등단한 적이 있을 리 만무하다. 등단은 나에게 그림의 떡이었다.

고백컨대, 웃음과 울음 사이를 서성이며 살아온 내 삶의 추한 모습을 들키는 심정이다.

대자연에서 다섯 벗을 얻어 푸르게 살다 가신 고산 윤선도 선생님의 숭고한 삶을 동경하며 살아온 내 80 여생의 마지막 길에 고운 웃음꽃 한 잎 피워 물고 가기를 바랄 뿐입니다.

힘써 일하고 애써 사랑하며 살아온 내 17가족, 그래도 사랑을 담아 나와 더불어 살아오신 모든 분들께 고마운 마음 드립니다.

그간 정리해서 담아두었던 마음의 메아리들을 3권의 시집으로 엮어보았습니다

제1집은 '하늘공원'으로

제2집은 '여름 옥탑방'으로

제3집은 '은혜의 강물'로 정리했습니다.

출간을 도와주신 영문출판사 김수관 장로님께 깊은 감사를 드립니다.

2022년 4월 봄날에

저자

차례

새날이 오면

새날이 오면
어둠을 보지 말고
붉게 떠오르는
태양을 보게 하소서
결코
바닥으로 추락하지 말고
높이높이 떠오르게 하소서

새해가 오면
모든 것이 작아져 보이는
내 흐려진 눈가에
오직 하나
커져만 가는
넓직한 자식들 등 뒤에 서서
눈치나 살피는
왜소한 머즈랭이가 되지 말게 하소서

새날이 가면
그 묵은 자리에
내 비록 백발이 찾아와도

잎 진 나뭇가지 끝에
매달린 겨울바람처럼
외로워 울지 않고
저기
흰눈이고 무겁게 앉아있는
장엄한 북악산처럼
근엄하고 깨끗하게 하소서

새해가 가면
내 이 한 몸이 비록
부지깽이처럼 발라 뒤틀려
죽음의 냄새가 나더래도
절대
당황하지 말고
주눅 들지도 말고
한 점의 부끄러움 없이
언제나 당당하게 하소서

2001. 1. 1. 새해를 맞아

저녁 길

온종일 푸른 하늘 태우다
곱게 황혼 빛으로 물 들은 석양
희미한 산 그림자 길게 그리며
아쉬운 정열의 여운 남기고
외롭게 저산을 넘는다.

희끗 희끗 반백의 머리카락 새월에 적시고
수고로운 지나온 길에
아쉬운 사랑의 여운 남기고
외로운 나그네 하나
노을을 지고 들어앉은
돌담길을 따라서
뚜벅 뚜벅 혼자서 간다.

어둠이 짙어만 가는 저녁 길
세월에 모질게 씻기운
여윈 토담 타고 올라
넝쿨 길게 뻗은
지붕 위 보름달 바가지가
반질반질 그 이마를 드러내며
하얀 박꽃을 보며 사랑을 속삭이는
어둠 깔린 토담 길을
지나온 그림자 찾아 터덜터덜 더듬어 간다.

2000. 9. 16. 내 고향 칠원 소식을 듣고, 고향 토담 길을 생각하며

가족

행여 잊지 말자
너와 내가 서로 달라서
아름다운 것을
늘 기억하자
우린 끈끈한 피로
맺어져 있다는 것을
항상 생각하자
결코 피는 물보다
진하다는 것을

행여 잊지 말자
너와 내가 함께 있어
더욱 소중하다는 것을
늘 기억하자
우린 서로 믿으며 의지하며
그리고 섬기고 있다는 것을
항상 생각하자
내 생명같이 너를
늘 아끼고 있다는 것을

행여 잊지 말자
언제나 서로 위해
힘써 일한다는 것을
늘 기억하자

어렵고 힘들어도
일이 보배인 것을
항상 생각하자
이 순간도 너를 생각하며
베풀고 있다는 것을

행여 잊지 말자
죽도록 서로를
사랑하고 있다는 것을
늘 기억하자
지금도 서로 사랑하기를
애쓰고 있다는 것을
항상 생각하자
사랑은 받는 것이 아니라
주는 것이라는 것을
절대로 잊지 말자
하나는 모두요
모두는 하나인 것을
꼭 기억하자
아름다운 꽃송이도
피기까지엔 아픔이 있었다는 것을
다시 한 번 생각하자
힘써 일하고 애써 사랑하면
언젠가는 생명불꽃 피어난다는 것을

2001. 1. 24. 설날 세배를 받으면서

막걸리 인생

못난 사람이기에 더욱 반갑다
텁텁한 사람이라 더욱 미덥다
삶의 뒤안길 저 낮은 자리
대접 같은 목로 주점
때 묻은 둥근 탁상에 둘러 앉아
막걸리 한 사발 쭈욱 들이키면
잘나고 못난 것도 없이
모두가 친구가 된다

빛진 삶의 넋두리
잘난 놈들 찬 구석으로 몰아
몰매를 친다
가진 자들 불러들여
내 몫 앗아간 도둑으로
하늘 구석으로 몰아 부친다
어쩌다
처자식들 이야기가 나오면
언제나 부족하여
평소에 못 다한 가장의 아픈 마음
한이 되어 눈시울을 적신다

한잔 두잔 그러고 또 한잔
주고받는 술잔에 정은 깊어만 가고
질편한 삼등인생 애환 달래며
아프지 않게 고통 내 놓고
외로운 고독을 풀어본다
텁텁한 막걸리에 정을 타서 마신 술에
술에 취하고 정에 취해
느슨하게 긴장 풀고
흘러간 노래 가락에
손장단 치다보면
어느새
아무것도 부러울 것 없는
모두가
백만장자가 된다

2001. 2. 10. 대포집에서

봄

겨울이 무겁게 누르고 앉았던 자리
알몸으로 서 있는 나무 사이로
눈 덮힌 산 허벅지가
진달래꽃으로 붉게 단장을 하고
얼어붙은 마음들을 유혹을 한다.

양지 바른 언덕에
겨울 내 잠자던 개구리
몸 푸는 대지의 신음소리에
그 속살을 뚫고 나와
기지개 길게 펴고 커다란 눈망울 굴린다.

개울가 쭈욱 늘어선 개나리
천리 밖 물 흐르는 소리에
노란 입술 살짝 내밀어
살찐 버들강아지 보드러운 볼에
다정한 입맞춤에
개울 둔턱 홀로 선 외로운 벚꽃나무 한그루
흰 눈 보리꽃잎 마구 토하며
성질 급한 질투를 한다.

개울 건너 언덕 위 하얀 집
굳게 닫힌 철대 문 옆 좁다란 정원에
등 굽은 매화나무 한 그루
담장너머 긴 가지 뻗어
하얀 마음 내밀어 웃음 웃는데
슬픔을 닮아가는 사랑으로
떨어진 꽃잎 거두어
개울물은 무심하게 흘러만 간다.

2001. 4. 29. 마포구청 앞 봄 맞은 개울가에서

무덤 앞에 벌거숭이 (1부)

여기 신비스런 태어남이 있습니다.
저기 죽음을 삼키고 무덤이 배불러 있습니다.
그 사이
우린 줄지어 서 있습니다.

살아도 산적이 없고
죽어도 죽은 적이 없는
내 모진 생명이
벌거벗은 헛개비 되어
아려오는 가슴 안고
내 심장의 거친 고동소리에서
죽음으로 가는 센 소리 들으며
허기진 삶의 끝자락에
벌거숭이로 서 있습니다.

오늘이 어제가 되고
내일이 오늘이 되는 순간들이
수없이 이어져 온
세찬 변화의 흐름에
저만치 밀려난 가장자리

언제나 삶의 낮은 자리에서
코 밑에 지나는 헛개비 불로
스쳐 지나가는 참 빛을 보지 못하고
눈 뜬 장님이 되어
더듬거리기만 하다
언제나 그 자리
겨울나무처럼
헐벗고 서 있습니다.

태어남이 무엇인지
죽음이란 무엇인지
또한 삶이란게 무엇인지도 모르면서
더욱 한심하게
나 스스로도 잘 모르면서
서로를 자신으로 만들려
눈에 핏발을 세우고
삶과 죽음과
땅기고 밀치고 엎치락뒤치락
피를 말리는 아픔에
시들어만 가는 내 삶을
바로 깨닫지 못하고
덤벙거리기만 하다
모든 것 다 잃어버리고

달랑 몸뚱아리 하나
여기 이대로
썰렁하게 서 있습니다.

태어남에 모두가 좋아하고
죽어서 모두가 슬퍼합니다.
이것은 모두가 살았기 때문입니다.
살았다는 것이 너무 좋아
죽음을 채 알지 못합니다.
그러나
삶과 죽음은 하나로 이어져 있습니다.
언제나 어머님을 뵈올
그날을 까맣게 잊어버리고
이대로 천년을 살 것처럼
잘난 체 딴청을 부리다가
나도 모르게
벌거벗은
내 알몸이
아리고 시려 옵니다.

2001. 5. 5. 어머님 7주기 추모에(1부)

우린 하나(2부)

생과 사는 하나입니다.
그 속에 너와 나는 하나입니다.
메마른 나뭇가지에
터져 나오는 파릇파릇
연초록 물결은
지난 가을 소슬바람에
떨어져간 낙엽이었습니다.
겨울 내 부풀어 올랐던
차가운 땅을 비집고
돋아나는 파란 생명은
지난 늦가을 찬서리 피해
땅속으로 스며든
짙은 푸르름이었습니다.

태어남은 죽음을 향하고
죽음은 또 다른 생명을 잉태합니다.
이 사이에
한줄기 생명줄로
너와 내가 이어져
언제나

푸르름으로 짙어만 갑니다.

서산에 걸려있는 석양이
불타는 저녁노을을 남기고
어둠에 밀려나더래도
내일 아침이면
그것을 밀어낼
한줄기 빛으로
또다시 떠오르듯
불타는 열정으로
우린
영원으로영원으로
하나로
이어져 갈 뿐입니다.

2001. 5. 5. 어머님 7주기 추모 어머님 산소에서(2부)

부활

우리는 늘 함께 있으면서도
서로 멀어져 있었습니다.

우리는 언제나 사랑하고 있으면서도
항상 토라져 있었습니다.

우린 서로의 소중함을 알면서도
모르는 체 시미치를 떼고
그을린 마음 바구니에
홧불을 지피고
무성한 연기만 내 품고 있었습니다.

우리는 같은 방향 한길을 가면서도
해 돋는 곳을 바로 보지 못하고
빛과 그늘의 결을 넘나들며
서로 뒤엉켜
고독의 늪에서 허우적거리고 있었습니다.

우린 늘 함께 있어 부딪히면서도
돌아서서 후회하며

간절히 서로를 바라면서도
먼저 손 내미는 일에
용기가 없어
바보처럼 머뭇거리고 있었습니다.

우리는 서로 사랑하고 있습니다.
설사 미움이 있다 하더래도
그것이 우리들의 사랑일 뿐입니다.

우린 서로 믿고 있습니다.
하나가 없는 행복보다는
둘이 있는 불행을 택한다는 것을
둘 중 하나의 의미는
매우 소중하기 때문입니다.

우리는 생명으로 엮어진 하나입니다.
이토록 질기고 아픈 사랑을
우린 결코 멈출 수가 없습니다.
비록 지금 우리가 몹시 지쳐 있어도
이대로 살기엔 너무 억울합니다.

앞으로 우리들이 살아가야할 시간이
많이 남아있지 못합니다.

이제는
모든 것을 다 버리고
홀가분한 마음으로
서로의 존재를 인정하여
다소곳 서로를 얼싸안고
반가움 서로 채울 때가 되었습니다.

지나간 세월
서로의 가슴팍에 얼룩진
실망과 허무, 분노와 아픔
여기에 묻어나는 후회와 원망들
봄바람에 녹아나는 겨울눈처럼
모두 다 하얗게 녹이고
대지를 뚫고 돋아나는 새싹처럼
그리움의 속살을
살포시
들어낼 때가 되었습니다.

2001. 5. 13. 당신을 생각하며

푸른 5월

하늘은 높아서 푸르고
강은 깊어서 푸르르구나

산을 짙어서 푸르는데
이 속에 내 마음은
찌들어 푸르르구나

푸른 하늘엔 구름송이 수를 놓고
푸른 물결위엔 5월 햇살이 춤을 추네
푸른 산에는 넉넉한 생명들이
평화를 노래하며 사랑을 속삭이네

온 세상은 모두가 푸르러 싱그러운데
시들어만 가는 내 청춘
울지 않고 베길 수가 없구나
푸른 5월에
아카시아 하얀 꽃향기
푸른 실바람 타고 와
무른 내 마음 달래어주네

2001. 5. 19. 아카시아 꽃향기 맡으며, 염창동 옥상에 서서

술 고집

내가 가진 것은 아무것도 없다.
육십 여년의 긴 세월에
변하지 않고 끈질기게 남아있는
바보스런 술 고집 하나
비록 이것은
나 하나밖에 모르는
외톨이의 못난 아집이요
바보스런 주정뱅이로
마구 몰아부쳐도 어쩔 수 없다.
이는 결코 버릴 수 없는
지나온 내 삶의 방편으로
허물어져가는 내 몸뚱아리를
힘들게 지탱하고 있다.
이것은
견딜 수 없는 것들을
견디는 인고의 마음이었고
무거운 삶의 무게를
참고이기는
끈기요 근성이었다.
그러고 이것은 또한
한 발자국 한 발자국

높은 산을 오르는 힘이었고
정상에 올라 아래를 내려 보는
벅찬 희망이었다.
그것은
거짓과 절대 타협하지 못하는
아름다운 정직이었다.
그러고 그것은 또한
내 발목을 잡고 있는
삶의 올가미를
모질게 뿌리칠 수 없는
훈훈한 인정이었다.
정녕 그것은
싫어도 얄밉지 아니하고
미워도 믿어 운 진실이었고
아름다운 사랑이었다.

새 옷을 맞추어 입고
색안경을 끼고
얼굴을 살짝 가려봐도
내가 가진 술 고집은
그대로 가슴에 남아
찌들어가는 내 영혼을 지배하며
오늘도 살아서
내 핏줄 속에 뜨겁게 흐르고 있다.

2001. 5. 20. 성우B.D 이호웅 사장과 처우에 관한 결말을 보며

계곡바위

여름 가고 겨울 와도
언제나 그 자리
천년을 한결같이 버티고 서있네
긴 세월
모진 비바람에
고운 살결 다 내어주고
앙상한 뼈만 남아
성난 급류에 휘말리지 않으려
산허리 무게 잡고
제자리를 굳게 지키고 서있네

낙엽처럼
모든 것을 포기하고
흐르는 물결에 맡기면 그만일 텐데
무엇을 바라고
굳이 생고집을 부리는지
오늘도 변함없이
머리에 흰 구름조각 이고
모둠발 치켜세워
높은 산봉우리 치어다본다.

2001. 1. 19. 우이계곡에서, 퇴직권고를 받고

못가에 앉아

낮게 내려앉은
산줄기 잇대여 골짜기 되고
골짜기 길게 얽혀 못이 되었네
높은 산 등줄기 깊은 골에
맑은 골수 흘러 내려 더욱 맑구나

산 그림자 무겁게 내려앉은 사이
코발트색 하늘조각 어른거리고
실바람 등을 타고 넘는 물결에
햇님의 은빛비늘 반짝이누나

잡목 우거진 작은 언덕에
등 굽은 노송나무 한그루
긴팔 내밀어 뻗은 가지에
외로운 물새 한 마리
수면에 비친 제 그림자에
맴도는 피라미를 향해
곤두박질 힘차게 여념이 없네

2001. 4. 5. 광주묘원 연못가에서

생과 사(삶과 죽음)

주검을 실어다 놓고
삶의 가지들이
엄지에 침 발라
때 묻은 돈을 세며
슬픈 죽음을 흥정을 하며
산(生)냄새를 짙게 풍긴다.

마지막 가는 길
긴 이별의 고통을
속으로 삼키며
산발한 그리움 풀어헤치고
삶과 죽음의 십자로에서
얼굴 마주보며 울음 웃는다.

지나간 시간 속에
땅속으로 스며든 하얀 주검이
풀꽃으로 피어 늘어선
얕은 고갯길을 넘어
영원히 머물 고향
작은 토막집 안방 구들 목에

몸서리치도록 그리운 사람 곁에
그 육신 나란히 누이면서
마지막 떨구어 놓은
지고한 사랑의 씨앗이
슬픔을 조금씩 갉아먹고
우리들 숨결을 타고
푸르게 푸르게 피어나
삶과 죽음을 하나로 잇는
붉은 십자가 위로
산자와 죽은 자를 하나로
영원을 펼친다.

2001. 6. 5. 외할머니를 기독묘원에 모시고, 외할머니 기리며

공방(빈방)

나에게는 방이 없습니다.
있어도 언제나 텅 비어 있습니다.
내 방은 언제나 낯선 나그네
하룻밤 묵고 가는
쓸쓸한 문간방이었습니다.

나에게는 내 안방이 없습니다.
있어도 안방 주인은 외출을 하고
있어야 할 다정한 사람들
모두가 마실 나가고
내 마음 데울
따뜻한 구들 목이 없습니다.

차라리 햇빛 외면할
침침한 움막이었으면 좋겠습니다.
아무것도 모른 채 쿨쿨대며 살아가는
돼지가 부럽습니다.
쥐꼬리만큼 조금 안다는
허황된 그릇된 생각이
오만과 교만의 화신으로
분노의 불길에 그을려
내 안방은

시커먼 고통의 흔적만 남았습니다.

바라보는 눈의 깊이와
받아들이는 마음의 넓이도 없이
무얼 하며 무엇을 생각하였는지
사랑함도 미워함도
잘 알지도 못하면서
그것을 바라며 그리며
부질없는 갈등 속에 방황하다
파랑새 우는 창가에
마음의 화분하나 놓지 못한
썰렁한 빈 방일 뿐입니다.

사랑 합니다.
미안 합니다.
때늦어 싹이 튼 말 한마디
소중한 사람들의 귓가에 맴돌다
갈기갈기 찢기어
누더기 되어 내 몸을 휘감고
산발한 그리움 풀고
막춤을 마구 추고 있습니다.

고맙습니다.
감사합니다.
가슴 깊은 곳에서 묻어나는 말 한마디
두터운 입가에 맴돌다가

스스로 자폭을 하고는
만신창이 된 내 몸뚱아리
역겨워 마구 짓밟고 있습니다.

참회합니다.
용서합니다.
6월의 지루한 장마 비처럼
심술궂은 날들도 언젠가는 지나갈 것을
베품도 바램도 없이
거역하지도 말고
삶의 총대를 풀어놓고
창가에 백기를 꽂아놓고
내 마음의 빈방에서
입술이 촉촉이 젖어드는
피의 입맞춤을 하렵니다.

봄, 여름, 가을, 겨울
철따라 꿈으로 새 도배를 하고
일상의 무게를 걷어내
가벼운 알몸으로 내 다리 쭉 뻗어
행복 깔고 드러누워
지난 35년 긴 세월
힘들고 지친 우리의 몸과 마음
서로의 체온으로 포근히 감싸 녹일
내 안방이 그립습니다.

2001. 6. 30. 신방을 그리면서

푸르게 살자

하늘은 높아서 푸르고
바다는 깊어서 푸르르는데
이 속에
주연이는
하늘보다 더 높고
바다보다 더 깊은
작은 가슴
넓은 마음으로
우주를 품고
세상을 품고
언제나
언제까지나
싱그러움이 뚝뚝 떨어지는
푸르름으로 살아가자꾸나

2001. 7. 14. 주연이 첫 돌을 맞아서, 할아버지가

여름 오후의 화초밭

거센 바람이 몰고 온
무거운 여름 소낙비
짖궂게 스쳐간 자리
옥상 한 귀퉁이
내 손때 묻은 조그만 화초 밭
모진 비바람의 광란에
어쩔 수 없이 놀아난
서자 같은 내 지식을
여름 햇살 뜨거운 정열에
외로운 순정 바쳐
이제 막 갓 피어낸 엷은 꽃잎
사랑이 설익은 풋풋한 열매
서러웁게 떨구고
꼬부라지고 헝클어지고
찢어지고 찢어져
하얀 속살을 드러내놓고
아파 울고 있네

그토록 싫어하던
목숨 끈끈한 진드기

가는 간지름에
부스스 기지개 길게 펴고
그나마
몸을 지탱케 한 가는 자주대 붙잡고

큰 아픔
겸허히 딛고 일어나
상처받은 이파리에
먼지 묻은 흔적을 남기고
사그라지는 가는 빗방울에
얼굴 씻어 곱게 단장하고
마실 갔다 돌아온
그리운 님 밝은 햇살에
입술 내밀어 인사가 곱구나

어디서 왔는지
아무것도 모르는 듯
가는 대나무(자주대) 꽃이 끝에
빠알간 잠자리 한 마리 앉아
하루살이를 쫓아
커다란 눈망울 굴리고 있네

어디 갔다 왔는지

아무 일도 없는 듯
망가진 그물망을 수선하고
눈 먼 먹이 기다리는
끈질긴 작은 거미
산들바람 스치는 가는 떨림에
곧장 긴장을 하고 있네

소낙비 깨끗이 쓸고 간 자리
한줌의 쌀 모이 뿌려서
구구구구 구구구구
손님 청하니
아직 조각구름 떠 있는
하늘 맴돌던 비둘기 가족
제일 먼저 찾아와
만찬 즐기네

여름 소낙비 설치고 지나간
오후의 옥상에
지나간 아픈 기억 다 잊고
생존의 합주곡 펴져
내 영혼의 먼지를 지우네

2001. 8월 폭풍우 휩쓸고 지나간 옥상 화초밭에서

살아계신 어머니

내 어머니는 수수하였다.
특별히 고우시지도 않았다.
별다른 교육도 받지 못한
언제나 평범한 아낙이었다.

짝 잃은 고무신 맞추어 신고
잃어버린 첫사랑 찾아
버림받은 사랑 조각들
알맹이 다 빼어주고 남은 껍데기
정성껏 주워 모아
사랑의 끈으로 곱게 묶어 이고
재생의 길을 걸으시는
내 어머니는
부활하는 생명이었다.

어쩌다 생긴 하얀 쌀밥 고기반찬
자식 먹이려 아끼고 아꼈다가
쉬어져 맛이 가면
찬물에 살짝 헹구어
잡탕으로 끓여 먹는

내 어머니는
지꺼기 없는 일류 요리사였다.

어쩌다 배가 더부룩해오면
손으로 한두 번 문지르고는
신트림, 방귀한번에
새로운 힘이 솟아오르는
내 어머니는
종합 병원이었고
활력의 재활원이었다.

진정 내 어머니는
죽지 않으셨다.
언제나 눈감으면 만날 수 있는
내 영원한 고향이며
내 마음의 넓은 바다요
높은 하늘이었다.

어머니를 만나려
오늘도 살며시 눈을 감는다.

2001. 10. 1. 추석 성묫길에서

엄마 사랑

내가 어릴 때
서투른 밥 숟가락질로
놋쇠 숟갈 무거워 떨어뜨릴 때
밥 한 톨 귀한 생명 일러주시며
떨어진 보리밥알 아깝아 주워 드시고
쇠똥 깔린 내 머리를 꿀밤주시고
숟가락 다시 집어
엄지로 썩썩 문질러
내 작은 손에 꼭 쥐어 주셨네

깜찍한 손자가
귀여운 재롱부리다가
꽃 숟갈 가벼워 떨어뜨리니
애미가 말없이 웃음 보내며
기름기 자르르 하얀 밥알을
부드러운 휴지로 감싸
휴지통에 장사지내고
숟가락 다시 씻어
귀여운 작은 손에 쥐어준다네

흐르는 세월 속에
부모사랑 자식사랑
사랑의 물결 되어 흐르는데
무게는 무거움이 한결 같은데
색깔은 변하여
천연색 되었네

2001. 10. 1. 식탁에 둘러앉아서

간이역

산다는 것이
무엇인지
정녕 어떤것인지
짐짓 모르는 채
안으로 상처가 곪아도
아픈 고통 삭히는
서러운 인내심으로
겉으로는 아무렇지도 않은 채
가만히 눈을 감고
잊혀져가는 꿈을 보며
멋쩍은 선웃음 지으며
작은 간이역에서
고향으로 갈 기차를 기다리고 있네

살아간다는 것
무엇인지
정녕 어디로 가는 것인지
그 방향도 모르면서
숨 가빠 달려온 지나온 길
묵은 고독에 익숙해져

다가오는 새로운 기쁨도
아쉬운 그리움도
모두모두 뭉개고
친숙해진 외로움 안고
노을 짙게 드리우는
작은 간이역에서
수없이 지나쳐버린
우등 열차의 긴 그림자 보며
떨어지는 낙엽을 본다.

2001. 11월

만남

어디서 왔는가
보기만 해도 마음 새로워지고
가슴 벅차오르는
너와의 첫 만남
첫사랑의 수줍음으로
살며시 눈을 감고
야무진 얼굴에서
또 하나 우리를 보며
가시돋힌 묵은 껍질 밀어내는
확신 가득해
가슴 부풀어
두둥실 하늘 오르네

훤한 이마, 꼭 다문 입술
그림자 하나 없는 맑음에
우리의 혼을 담구고
유달리 까아만 머릿결
묻어나는 싱그러운 숨결을 타고
가슴 촉촉이 적셔오는
감동의 물결 넘쳐흘러

마음의 바다가 되는 구나
정녕 너 태연이는
새벽바다 구름 깔고
어둠 뭉개며 타오르는
생명의 빛이 되어
안개꽃 피워 물고 하늘 오르는
광채의 미소로
우리들 가슴 가슴마다
불씨 피어날 새벽을 열었구나

2001. 11. 19. 태연이를 만나면서(출생), 할아버지가

사랑의 열매

아빠! 진호는
바다와 같은 넓은 가슴에
대지의 아버지가 되는 꿈을 심었네
엄마! 세라는
아름다운 핑크빛 가슴에
세상의 어머니가 되는 사랑을 심었네
그러나
꿈은 가장자리를 맴돌고
사랑은 안개 속에 가리운 무지개였다네
하지만
둘은 결코 울지 않았네
가슴 새롭게 다독거려
믿음의 텃밭을 일구어
서로의 얼을 심어 하나되었네

꿈은 부풀어 불꽃 피어오르고
사랑은 탐스럽게 여물어
가을 햇살 가득 물고
고운 빛 머리 내미는 알밤처럼
엄마의 배를 가르고 나온

별난 열매 되었네
이것이
너의 위대한 진실이 되고
그 진실이 너의 영원한 시작이라네

꿈과 사랑의 순수로 빚어진
알찬 열매인 너는
세상을 외면하지 않는
우리 모두의 희망이 되고
사랑을 외면하지 않는
우리 모두의 기쁨 되었네
정녕 너는
우리가 머물 소중함이 되고
사랑이 머물 영원한 고향이라네

2001. 11. 19. 태연이가 오는 날, 할아버지가

파도

수평선 저 너머
하늘이 내려앉은 곳
아무것도 걸리지 않은
머나먼 망망대해
제멋대로 놀아나다
지쳐버린 거친 파도가
집나간 옛 님 그리워
그리움의 흰머리 풀고
은하수 무등 태우고
창공을 흔들며 밀려온다.

님 향한 일편단심
가슴에 고이 간직하고
그리움의 몸부림으로
하얀 물거품 물고 달려와
하늘 오르다 주저앉은
작은 섬 용트림 바위에
헝클어진 머리 부딪혀
허옇게 제 속살을 찢으며
퍼질러 울며 어둠 불러 앉힌다.

2001. 11. 29. 용정로 저녁 바닷가에서

사랑하는 꼬마천사

사랑하는 내 꼬마천사야
너는 이 세상에서
가장 소중한 사람이란다.
하늘에 햇님처럼
언제나 우리들 마음을
밝게 비추고 있으니까

내 귀여운 소현아!
너는 이 세상에서
가장 예쁜 사람이란다.
조개 속에 진주처럼
언제나 우리들 가슴 깊은 곳에
빛나게 자라고 있으니까

그래서
너의 이름 '소현(昭眩)'이는
햇빛이 되고
진주가 되어
우리들 가슴속에 영원하단다.

2001. 12. 25. X-mas 소현에게 보내는 카드에서

힘써 일하자

긴 여정! 짧은 인생!
지금 살아있음은 하늘의 축복입니다.
우리 산다는 것은 일을 한다는 것입니다.
일은 생명의 보배입니다.
땀 흘려 생명을 축축히 적셔
푸른 줄기가 하늘로 쭉쭉 뻗어가는 것입니다.
일은 힘써야 합니다.
생명이 다하는 순간까지 쉴 수가 없습니다.
결코 되돌아 갈수도 없습니다.
가다가 걸림돌을 만나면 디디고 올라서고
언덕을 만나면 담쟁이처럼
삶의 끈을 단단히 붙잡고 기어올라야 합니다.
산을 만나면 터널을 뚫고
강을 만나면 다리를 놓아야 합니다.
우리가 일을 한다는 것은 큰 축복입니다.
아침해가 떠오르면 벅찬 가슴 안고
가사없는 새소리에 노래 부르고
하늘 우러러 감사 기도합니다
우리 힘써 일하는 가운데
소중한 나 더 좋은 너 사랑스런 우리
날마다 웃음꽃이 활짝 펴
늘 신나는 우리 가족입니다.

애써 사랑하자

긴 여정! 짧은 인생!
지금 이렇게 살아 있음은 하늘의 은혜입니다.
우리가 살아간다는 것은 사랑입니다.
사랑은 생명의 끈입니다.
놓아서는 떨어지고 마는 연입니다.
사랑하기를 애써야 합니다.
사랑 없는 삶은 싱거운 맹물입니다.
맹물에 간을 맞추는 일입니다.
식지 않도록 불을 지펴 언 마음을 녹이는 일입니다.
녹 설지 않도록 가슴을 갈고 닦는 일입니다.
좋아서, 보고파서, 애타는 가슴을 전하는 일입니다.
그리워서, 외로워서, 눈물이 맺히도록
저려오는 마음을 감싸는 일입니다.
사랑하기를 애써는 일은
잠시도 멈출 수가 없습니다.
생명의 17가지 우리
서로 믿고 신뢰하고 의지하여 하나되며 도우며
죽도록 아끼기를 애써는 일입니다.
항상 기뻐하고 쉬지말고 기도하며
범사에 감사하는 마음
모든 일에 적극적이고 긍정적, 진취적, 낙관적인 행동
3/4박자 리듬에 맞추어 살아갑니다.

긴 기다림

참기름
한 수대(말) 이고
신작로 사잇길 40로
걸어서 도회로 가신 어머님

하루가 지나 또 하루
해 저물어 어두워 져 오는데
시냇물은 졸졸 어두움 속으로
쉬지 않고 흘러만 가는데
징검다리 건너는
그 모습 아직도 보이지 않네

동네 어귀
외로이 서 있는
희미한 방범동 불빛 아래
하루살이 풀벌레들 축제 열리고
동네 꼬마들
숨바꼭질 즐거운데

기다림에 지쳐

너덜 바위 길 사나운 골목
뒤돌아 보고 보며 뒷걸음쳐 올랐네

먹다가 울다가 지쳐 잠이든
내 어린 여동생, 소리 내어 울지도 못한
때 묻은 눈물자국 닦아
안아 바로 누이고
마루에 걸터 앉아
타박 타박
어머님 발자욱 소리
쫑긋 귀 기울이며
달빛 하얗게 깔린 삽짝
긴 기다림으로
애타게 바라보고 있네

1953. 5월 칠원중학교 백일장 우수작 옮겨 씀

남산에 올라서

땅 거죽은 뚫고
괴물처럼 솟아난 빌딩 숲
어디를 향해 가는지
차량행렬이 꼬리에 꼬리를 물고
거리에는 인파가 넘쳐 흐른다

서울 시내를 몽땅 전세 놓고
부풀어 오른 배를 내밀고
풍요를 즐기는 사장님들!

사는 것이 무엇인지도 잘 모르면서
거리낌 없이 살아가는 Prasite 족들!
마음 내키는 대로 살아가는 Twixter세대들!
모두가 인생 한가로운데

언제나 코 밑이 급해
고단하고 팍팍한 삶
악다구리를 쓰는 몸짓으로
죽도록 일만해온 Working Poor!
언제나

들러리 인생!

그 중에 나는
무엇을 바라고
구름 흩어지는 하늘만 바라보고 있는가?

하늘이 늘 맑지는 않기에
산이 항상 푸르지는 않기에
그래서
흔들리지 않아야 할 인생인 것을

때 묻어 찌들어진
초라한 내 삶의 너울
그 아무도 눈치채지 못하게
슬며서 숲 속에 벗어놓고
구름 헤집고 나온 가을 햇살에
묻어나는 감미로운 바람결에
머언
김 일 규 앞
싱그러운 편지를 띄어 보낸다.

죽음을 넘은 팔각정 남산에 다시 올라
진호 얻은 새로움으로 새 다짐을 한다

1973. 10월

재회

옛날, 바로 그 날
바람 싱그러운 낙동강변
어둠깔린 하얀 백사장
둘이 만나
한몸되는 입맞춤으로
서로 사랑을 했었다네
오호라?
하늘 오르는 길목에서
행복의 나래를 활짝 펴고
둘은 결혼을 했었다네

그래서
내 고향 칠원에서
예쁜 공주를 얻었었다네

그러고는
부산으로 미끄러져
썩은 다리 진흙 물고
새로운 고개를 넘다 주저 앉은 자리
개금에서 둥지를 틀고
여기서
아들을 얻고 또 하나를 더 얻었다네

깡통마치 칼 바람 모질어
여섯 한 식구는 부산셋 서울셋
불안의 목마를타고 두 가족으로 나누어져
아려오는 고독의 아픔에
지그시 입술 깨물며 서로 모질게 살았다네

하지만
서울 부산 천리길
길게 늘어진 사랑의 끈,
머언 그리움 캐내어
둘은 서울에서, 다시 하나가 되었다네

재회의 기쁨으로
서울에서
아들하나
덤으로 얻었다네

그래서
우리는 일곱이 되고 그 일곱은 하나로
더 없이 맑고 고운 웃음꽃 피워 물고
모두가
북두칠성이 되어
한 상에 둘러 앉았다네

1974. 10. 16.

돌맞이

아기가 나비되어
하늘거리다
첫 발자국 찍힌 방바닥으로
뒤뚱거리다 넘어지며
껍질 깨고 살며시 내미는 석류알 같은
채 여물지 못한 이빨을 내밀고 웃는
아기의 해 맑은 웃음에
우리들
가난이
저만치 밀려 난다네

서울에서 진호 돌을 맞아서

홍수

세상이 흉물스럽게 뒤엉켜 있다
부어라!
마셔라!
하늘이 돌고 땅이 흔들릴 때 까지
더 부어라!
쭉 들이켜라!
하늘 노랗고 땅이 솟구칠 때 까지
천둥아 울려라! 번개야 쳐라! 비야 내려라!
하늘아 마구 쏟아라!
마지막 이 한 몸뚱아리까지 남김없이
모두 쓸어버릴 때 까지
세상이 잠겨 허우적거릴 때 까지

1983. 10. 남산에 올라 비를 맞으며

유랑

나는 바람입니다.
그래서
그 어디에도 머물수가 없습니다.

나는 구름입니다.
어쩔 수 없이
바람따라 떠 돌 수밖에 없습니다.

나는 강물입니다.
그러기에
끝없이 흘러만 갑니다.

내 영혼은
언제나 목마름이 가시지 않습니다.
바닷물만큼 물을 마시고
그래서
허우적거릴 수밖에 없습니다.

못나서 죄송합니다.
이대로
꼬꾸라져 말없는 바위가 되렵니다.

1983. 12월 경기 안성에서

마음의 산골

나 이제 벌떡 일어나
물 이끼 검푸른 실개천 따라
나뭇잎 떠 내려가다
잠시 숨 고르는 자리
푸른가슴 깊은 골에
거기서 작은 움막 짓고
조잘되는 뭇새들과 이야기 하며
실바람의 간지러움에 몸 움츠리며
세월을 비껴서서
내 외로운 평화를 누리리

숲의 날숨이 내 들숨되고
내 날숨이 숲의 들숨되여
생명이 어울리는 곳
하늘과 땅이 숨바꼭질을 하는
양지 바른 산등성이에
비스듬히 들어 누어
나뭇가지 끝에 걸려 있는
조각 구름 따다먹고
배불러 부자 되어
내 가난한 풍요를 누리리

1984. 3월 이천 백시로 이사를 하고나서

슬픈 외도

나라는 사람 누구인가
나는 나를 잘 알 수가 없네
슬픔도 잘 모르면서
기쁨은 더욱 모르면서
아픔은 왜 이리 참지 못하나
치밀어 오르는 분을 삭이지 못하고
격동의 소용돌이를 몰고 오는가

하늘아!
바다야!
어쩔 수 없는 나

엄마야!
여보야!
서러운 사람 나

아들아!
딸아!
무능이 아쉬운 나
못나서 미안하구나

내 마음
강물 한편에
언제나 흘러드는 흙탕물
도저히 어찌 할 수가 없구나

슬픈 존재의 소리에
귀 기울이고 있노라니
사람이 사람을 부르는
간절한 소리가 있는 그곳
보쌈이라도 당하고 싶어
오늘도
슬픈 외도를 하고 있구나

1984. 5. 이천 백시에서

나는 느림보 지각생

동무가 운동화를 신고 학교를 올 땐
나는 검정고무신을 신고 집으로 왔습니다.

내가 운동화를 신고 학교를 갔을 땐
동무는 구두를 신고 집으로 갔습니다.

친구가 바지에 주름 곱게 세우고
먼지를 털어내며 뻐기면
나는 무명바지 구겨진 주름을
손바닥으로 문지르며 물을 묻혔습니다.

벗이, 도시락을 먹을 땐
나는 수도꼭지를 빨고
배를 불리고
헛기침을 하였습니다.

사람들이 자동차를 몰고 달릴 때엔
나는 자전거를 타고 갈 수밖에 없었습니다.

모두가 지나온 길, 스쳐간 길

그들이 웃음 웃다 지나간 자리
앞서간 자, 그림자 밟고
가쁜 숨을 쉬고 있는
나는 느림보 지각생

다른 아이들이
킥보드를 하고 씽씽 달리는데
눈에 넣어도 아프지 않을
내 귀여운 공주 소현에게
힘들여 씽씽을 사주었습니다.

친구의 아침은, 아직도 나에게는 새벽인가 봅니다.
나의 한낮은 아직도 멀었나봅니다.
나는 언제나
한 발자국 늦은 느림보 지각생

어쩔 수 없이
무릎 꿇고
하늘을 높이 들고
벌을 받는
나는 느림보
인생 말년 지각생이랍니다.

2001. 10월 소현에게 킥보드 대신 씽씽을 사주면서

우리 태연아!

태산북두가 무겁게 내려 앉은 자리
은하 물결 유유히 흘러 내리네
푸른바람 파란물결 진동을 타고
속살같은 부드러운 구름 몰고와
하얀마음 파란마음 한데 엮어서
비단길 푸른물에 수를 놓구나

물안개 자욱히 흰머리 풀고
광채의 미소를 띄우며
우주의 문을 열고
큰 울림으로 터오르는
새벽빛 싱그러워라

날로 날로 푸름을 더해
검푸른 호수 "티티카카"
큰 아이, 내 생명, 태연이라네

불러만 와도 흥겨운
모두가 너를 부르는 소리
뒤뚱뒤뚱 비틀비틀

어설프기만 한 몸짓으로
주렁주렁 웃음꽃 메 달고
엉금엉금 아장아장
재롱잔치 즐거웁고나

듣기만 하여도 정다운
옹알옹알 옹알이
순수한 네 마음조각돌
우리들 마음 판에 곱게 새기며
네 작은 고사리 손 꼭 잡아
손끝에 진하게 묻어오는
끈끈한 온기에
우리 마음 뜨거웁고나

바라만 보고 있어도 흐뭇한
아침 이슬처럼 해 맑은
영롱한 네 눈동자엔
사랑이 가득찬
파아란 하늘이 열려 있고
꿈을 듬뿍 머금은
푸르른 바다가 펼쳐 있구나

오늘을 차곡

백년을 쌓아갈
너와 나의 포근한 사랑을 위해
우리의 소담스런 꿈을 향해
이제 한해를 여물어온 너를
꼭 안아 내 가슴에 들어 앉히면
네 여린 가슴이 내 오른 가슴에
나의 묵은 심장이 너의 오른 가슴으로
서로 교차되는 고동소리
큰 떨림이 이어지는 삶 줄기에
돋아나는 새싹을 들어 올려
우주의 무게를 느끼며
하늘 우러러 너를 부르는 소리
큰 사랑 우리 보람 태연이라네

태연이 돌을 맞아 할아버지가

구들목

성내지 말아요!
화를 부르지는 더욱 말아요
그 누구도
당신을 무시하지 않아요
우리 모두는 당신을 사랑한다오
당신은 이집의 어머니 인걸요.

아프지도 말아요 아파하지도 말아요
당신이 못 견디게 아파하며는
당신을 아프게한 내 마음 깊은 곳에 멍이든다오
울지 말아요 울려하지도 말아요
당신이 서러워 눈물 흘리면 내눈엔 피눈물 흘려
발가 벗은 내몸 시러온다오

미워하지 말아요 멀리하지는 더욱 말아요
나라는 사람 당신을 절대 미워하지 않아요
내 영혼 깊은 곳에서 당신을 향한
애절한 기도소리가 솟아나고 있다오
나무라지도 말아요 꾸짖지는 더욱 말아요
당신이 솔직히 겁이나네요

내가 헐벗어 빈 털털이가 되어
추워 견딜수가 없내요
포근한 당신의 가슴이 그리웁네요

갈등속에 얼룩져 지나가버린
아쉬운 시간들이 너무 길었네요
다시는 되돌아보지를 말고 앞을 보아요
다가올 살날이 너무 짧네요

이제는
마음의 빗장을 풀고
작은 공터를 만들어
마지막 남아 있는
사랑의 불씨 지펴
얼어붙은 마음 따스하게 녹일
우리들 안방
구들목이 그리웁네요

2003. 1. 1. 새해 새 마음 당신을 그리면서

할머니의 가슴

엄마와 아기가
현관에서 눈을 맞추고 있다.
떨어지지 않으려
젖 먹은 힘을 다해 보채는 아기를
할머니는 손을 끌어 가슴에 안는다

아기를 안고 있는 할머니의 가슴엔
아빠아기 냄새가 배어 있고
그 위에
손자아기의, 젖 비린 냄새가 묻어난다

아빠 아기와
아들 아기가
넓은 할머니 가슴바다에 들어와
온 종일
헤엄치고 물장구치며 놀고 있다

아기를 품에서 떼어낸
엄마의 발길이 바쁘고 무겁다

2003년 봄, 할머니와 엄마 그리고 태연이를 보면서

정자나무

내 고향 동정지
정자나무 한 그루
속세의 모든 번뇌
아름다운 치욕 이기고
영광스런 아픈 상처
역사의 훈장 달고
웅장한 몸짓으로 대장군 되어
천년의 긴 세월
마을을 지키고 있네

내 고향 동구 밖
고목나무 한 그루
세월따라 스쳐간 정든 사람들
소박한 작은 바램
왼 새끼줄에 엮어 허리에 두르고
할머니 마음
엄마의 마음
며느리 마음
애뜻한 기다림으로
수호신이 되어
고향을 지키고 있네

2003. 4월 칠원국교 37회 동창회를 열고 상당골서

달빛

달빛은
어둠을 몰래 밟고
외로운 나그네 되어 온다

화려함이 못내 싫어
벽 넘어 해 그림자에 숨었다가
해 저물어 가고 없는
침묵을 찾아
살짝 얼굴 붉히며
은하수 무등 태우고
사뿐이 내려온다

병들어 사는 삶
어둠 깔린 외로운 창가에
살그머니 다가와
히죽히죽 웃음 띄우며
내 마음
어두움을 깨운다

2003. 8월 여름밤 옥상탑 방에서

저녁 밥상

나는 혼자가 아닌데
둥그러니
나혼자 밥상머리에 앉아있다
먹는 시간이 기다려지던 그 순간이
이제는 두려움으로 다가온다

나는 나 혼자가 아닌데
서글프게 홀로 먹고 있다
먹을게 부실하다고
언덕넘어 낯선 곳에서
마실나온 손맛이 낯설어
내 혀끝에서 맴맴 돌고 있다

나는 결코 혼자가 아닌데
옥탑 방구석에 쪼그리고 앉아서
봄날 피어나는 아지랑이처럼
아련히 피어오르는
그 사람의 손맛 울어난
된장국을 그리며
꿀꺽 침을 삼킨다

2004. 10월 옥탑방에서

휴일 광장

할아버지 할머니가
콘크리트 나무의자에 나란히 앉아있다
지나간 긴 시간 속에
곱게 잠들어 있는 추억들
가슴 저 밑바닥을
하염없이 쓰다듬으며
두 손을 꼭 마주 잡고 있다

자전거 바퀴살이
둥근 햇살을 통째 배어 물고
하늘 광장을 누비며
희망과 꿈가루를 뿌리는
아들의 아들들이
서로 닮은 모습에서
당신들의 얼굴을 묻고
옛날을 보며
두 손 꼭 힘주어 잡고 있다

저렇게 가까이
손을 꼭 잡기에는 평생이 걸렸다는 듯
서로를 마주보며 웃으신다

2005. 4월 여의도에서 자전거 타는 손자를 보는 노부부를 보면서

동창회

충혼탑 돌아가며
곱게 새기어 놓은 꿈
잘 영글은 열매 가지고
보고 또 보아도 신물 나지 않는 얼굴들
오늘 한자리 모였네

하늘
코스모스 곱게 핀 도래산 언덕길
뿌려놓은 많고 많은 이야기들
흘러간 세월도 지우지 못한
그 시절 정담이 훙겨웁구나

새록! 새록!
해도해도 자꾸만 새로워만가는
때묻지 않은 산길 같은 우리들 우정
마르지 않는 상당골 옹달샘처럼
송골! 송골!

마알간 샘물되어 솟아오르네

잘나고 못나고
잘살고 못살고
넘치고 모자람도
인생 계급장도
그 아무거리낌도 없이
발가벗은 우리들 마음
달아나는 세월에 덫을 놓고
두리둥실 "나이야 가라" 목청 돋우며
어머님 품속 같은 푹 삭은정
한잔 술에 타 마시고
자야! 옥아! 수야! 구야!
지난 세월속에 피묻혀가는 이름들
정답게 찾아부르며
흰 깃발 앞 세우고
둥근 굴렁쇠 굴리며
작은 발자욱찍힌 옛 운동장을
함께 뛰며 가는구나

2006. 4월 칠원국교 37회 동창회를 부산에서

벽시계

찰칵
세월을 깎아먹는 소리

이리도
빨리도 오는 저녁을 어쩔고
해 저물어 가고 없는
세월의 뒤 안길에서
허공 한짐 짊어 지고
헉헉 거리고 있다

채우지 못한 공허한 믿음이
크다란 아픔으로
식은 땀이 되어
등줄기를 타고 내려
내 방뎅이를 흥건히 추기고
사랑이 사치품으로 문들어져
곰팡이가 피어나고 있다

세월에 찌들은 얼굴
늙음이 곧 낡음이련가
찰칵
생명을 깎아먹는소리

2006. 12월 병술년을 보내면서

태양은 떠오른다

정해년 새해가 솟아오른다
동해바다 거치른 파도를 넘어
거친 숨 몰아쉬며
힘차게 하늘 솟구쳐 오른다
우리 모두
눈망을 맞댄 간절한 바램이
가슴에서 하나되어 이글거린다

바다와 하늘을 붉게 물들이고
눈부신 비상으로
한뼘 두뼘
하늘을 딛고 올라
어둠을 밀어내고 세상을 밝힌다
높은곳에서 낮은곳으로
양지에서 음지로
차가운 마음을 포근히 데운다

떠오르는 찬란한 태양을 따라
목아지 돌아가는 해바라기처럼
우리들 간절한 소망이 싹 틔워
하늘로 태양을 향해 뻗어 나간다

2007. 1. 1. 정해년 신년을 맞아

봄은 속삭인다

봄은 속삭인다
고운 햇빛 타고 내려
돼지에 입맞춤으로
파아란 새싹 돋아나라고

봄은 속삭인다
노오란 실바람 타고와
메마른 나뭇가지에 앉아
예쁜 꽃 피여나라고

봄은 속삭인다
마알간 봄물 싣고 올라
하늘 가득히 아지랑이 피워 물고
푸른 하늘 희망가지 뻗어가라고

봄은 속삭인다
싱그러운 푸르름 싣고와
푸른하늘 푸른세상 푸른마음
푸르게 사랑하라고

2007. 3월 정해년 봄을 맞아

먹자촌

굶어죽은 조상들의 환생인가 봅니다
그 어느곳을 찾아도
먹자판이오 마시자 판입니다

산들은 허리를 짤렸습니다
앙상한 갈비뼈를 들어내어 놓았습니다
골수를 잃은 계곡따라
고기타는 내음이 진동합니다

강은 배를 갈라 창자를 내 놓았습니다
강나루에 비린내가 역겨워
강물은 서러워 울며
바다로 흘러갑니다

만신창이 되어버린 강산은
타는마음 아픈마음
네온의 불빛으로 하늘로
서러웁게 시위를 합니다

어쩌다 운이 좋아
전쟁의 포화를 면한 땅돌은
숨을 죽이고 가만히 엎드려
사람들을 외면하고 있습니다

2007. 5. 18. 바울전도회 봄 야유회를 다녀와서

얼룩진 삶

마음이 저려옵니다
몸이 시려옵니다

내 몸에 걸치고 있는 낡은 외투처럼
몸서리 치도록 달라 붙은 가난
그 끝에
까치발을 하고 서서
버티다 주저 앉은 자리
써늘한 얼룩이 졌습니다

나는 참 못났습니다
추한 얼굴
뺨따귀를 첨으로 맞아도
아주 싼
이 못남을 어찌나 할까요

2007. 5. 22. 진호의 방황 앞에서

석양

여명의 고운님이
바다의 산고를 겪고
어둠의 시위 풀어해치고
참빛 푸르게 하늘가득
마실 나간 님 찾아 입맞춤하네

대지를 따스하게 데우고
산넘어 광야를 거쳐
강건너 바다를 지나
서산마루에 올라 앉아
마지막 정열을 불태우고 있네

온 종일 싱그러움 엮어
붉은 비단 이부자리
곱게 깔아 놓고
사묻히는 그리움으로
정든님 고이 누이시고
토닥! 토닥! 다독거려 잠 재우고
한 마리 낙조가 되어
생에 마지막 밤이 오는 소리를 듣는다

2007. 6. 4. 정해년 고희를 맞아

늙는다는 것

어제는
친구가 날보고 늙지 말란다
오늘은
자식놈이 날더러 늙지 말란다
모두들
날보고 이대로 이모습으로
오래 건강하게 살아가란다

늙는다는 것
이것은 어찌할 수 없는
곧 낡아져 가는 것을

2007. 6. 4 정해년 고희를 맞아

삶의 여정

내 마음 연초록 봄날
메마른 나무 가지에
잎보다 먼저 피어나는
꽃의 성급한 아름다움을
내 진작 알지 못했습니다

내 마음 푸르른 여름날
시냇가에 늘어진
버들가지 여유로움에서도
인생의 참 멋을
내 진작 느끼지 못했습니다

내 마음 맑은 가을날
온 산을 불 태우는
오색찬란한 단풍에서도
삶의 뜨거운 열정을
내 진작 깨닫지 못했습니다

봄도지나 여름가고
가을마저 저무는

차가운 겨울 문턱에서
떨어지는 낙엽을 밟으며
고독한 곁눈질로
서러운 이별을 훔쳐봅니다

이제!
내 마음 바람불어 쓸쓸한 날
벌거벗은 겨울 나뭇가지에
피여나는 하얀 눈꽃에서
아름다운 사랑을 느낍니다

얼씨구나!
영원을 향한 추임새로
서산마루에 곱게 피여나는
저녁 노을
그 황홀함에 젖어
마지막
내 삶을 불태워 봅니다

2007. 6. 4. 고희를 맞아

칠순이란 나이

오늘 하루가
이리도 버거운데
지나간 나날들
누가 훔쳐간 듯 어찌 이토록 쉬히 가는가

더디오는 설날
손꼽아 기다리던
철 없는 어린시절
그 멋진 나날들!

청운의 푸른 꿈
가슴 부풀어
푸른 광야를 힘차게 달리던
그 벅찬 나날들!

사는 것이 무엇인지
뒤돌아볼 겨를도 없이
바쁜 일상으로
동분서주 날뛰던
그 짧기만 한 나날들!

희노애락 고개넘어
뒤안길 구비돌아
어언 칠십년
칠순이란 문턱에 서서
아무것도 없는 추수 끝난 들판
외로운 허수아비 되어
서산 마루에 걸려 있는 해를 본다

칠순이란 나이!

절망에서 희망으로
슬픔에서 기쁨으로
건너가는 인내라는 다리위에 서서
삶의 진실을 본다

말이 묵은 긴 침묵에서도
마주치는 눈빛으로
사랑이라는걸 읽는 나이

중천에 떠 있는 뭉게구름이
솜털처럼 포근해도
그것이
외로움이라는걸 안다

붉게 타오르는 저녁노을이
융단처럼 아름다워도
그것이 걷히면
곧 밤이 오는걸 안다

봄에 피어나는 연초록 잎눈이
시절따라
푸르름 뚝뚝돗는 싱그러움되고
그 싱그러움이
새노란 단풍으로 곱게 물들어도
결국
그것이
슬픔이라는걸 안다

스산한 가을바람에
굴러 떠러진 낙엽하나
어둠깔린 저녁길을 걷는
내 발길에 와 땋을 때
나는
서러운 이별을 만나
하늘 울어러 보며
마른 기침 한번
꿀꺽 침을 삼킨다

2007. 6. 4. 정해년 고희를 맞아

취객

한 사내가
술이 취해
몸을 허우적 거리다
길가 전봇대에 기대여
고개를 떨구고 있다

하늘이 내려 앉고
땅이 솟아난다
우주선을 타고 지구를 돌다
바다로 추락을 한다

흔들거리는 몸을 움츠리며
고개를 들어 희뿌연 하늘을 본다

희멀건 얼굴에 눈물자국 지우며
흐려진 눈동자로
그 어디엔가 켜져 있을
작은 불빛을 찾는다
두 팔을 허우적거리며
한 여자의 따뜻한 손길을 바라고 있다

2007. 5. 5. 어버이날 야간 근무 중 건물 앞거리에서
술취한 젊은 청년을 보며 진웅이를 생각한다

나의 이력서

나에게는 얼마남지 않는
분명한 가는 세월입니다
저기 저 만치
저승으로 가는 길이 보입니다
천국이던 지옥이던 상관치 않으렵니다
하지만 내가 걸어온길
자꾸만 뒤돌아 보게 됩니다

내가 절뚝거리며 걸어온 길
그래도 아쉬운 미련이 남았나봅니다
막상 이력서를 쓰려고 하니
무엇하나 또렷한 것이 없습니다

그러나
한 가지 지워버릴 수 없는
확실한 내 삶의 알맹이가
내 가슴 깊이 자리하고 있습니다

3남 1녀 내 새끼 네 쌍
그 새끼들 일곱놈들
옹기 종기 모여 웃고 있습니다

영원한 우리누나 경아!
세상의 최고를 꿈꾸는 설 아들 곤아!
무뚝뚝 믿음직스런 장남 웅아!
작아서 큰 사람 우리 복구슬 란이

제 갈길 좋은 길잡이 둘째 근이
그 길 따라 잔잔히 흐르는 은하수 미야

늘 무엇인가 크게 될 것 같은 영원한 막내 호야
아름다운 세상으로 뻗어갈 우리 세라

네 쌍의 한이 되어 하늘 나르고

소.호.주.태.아.찬.성
쭈그려든 껍질속에 파랗게 돋아나는 양지처럼
일곱줄기 새싹이
토실! 토실! 탐스럽게 돋아나 있습니다
그래서
새로운 희망을 남기고, 묵은 껍질로 깨고 산 사람,
그래도 김일규라고 쓸 수 있기에
나는
그래도 웃을수가 있습니다

2007. 6. 4. 칠순 가족모임에서

하늘그림

내 눈을 멀게 하소서
뜨고도 볼 수 없는 당달봉사가 되게 하소서
그러고는
내 눈에 현미경을 씌우소서
그리하여 내혼
좀 먹고 있는 시커먼 곰팡이를 보게 하소서

내 귀를 멀게 하소서
들어도 듣지 못하는 귀머거리가 되게 하소서
그러고는
내 귀에 청진기를 꽂으소서
그리하여 내 영혼
문들어져가는 혼탁한 신음소리를 드게 하소서

내 입을 다물게 하소서
하고픈 말이 많아도 꿀먹은 벙어리가 되게 하소서
그러고는
내 입에 마스크를 차게 하소서
그리하여 내 입
떼 묻어 추한 말들을 걸려내게 하소서

내 마음 비우게 하소서
잡다하게 뻗어 있는 생각의 가지들을 꺾게 하소서
그러고는
내 마음을 텅 비우게 하소서
그리하여 내 마음판이
자유로운 흰 백지가 되게 하소서

내가 비록
보지도 듣지도 말하지도 못하는
세상 멍텅구리가 되어도
하얀 내 마음 백지 위에
피어난 하늘그림을 짙게 그리게 하소서

2007. 12월

장례식장

한 생이 무거운 짐을 내려놓고
향기 짙은 하얀 국화꽃
달무리처럼 감싸고
저승의 하얀 웃음 띄우고 있다

힘찬 울음으로 출발한 인생여정
77년의 긴 마라톤 결승점에서
이승의 바램들 촛불에 밝히고
지지리도 질긴 부부연 끝내 놓지 않고
이해와 용서 환한 공간에
두 이복형제 여섯이 하나되어
부산한 피의 향연을 지켜보며
무엇인가 하고픈 말이 있는 듯
가는 입술을 떨고 있다

2008. 3. 2. 외숙을 보내며

7137회

산길 같은 우정인데
자주 보지 못하는 신세라
가물가물해 해지는데
살아있어 만나니
한잔의 술로 즐길지라
천년에 맺은 정 죽은 뒤 무엇하랴

흐르는 세월따라
삶에 바래진 우리 마음
거치장 스런 세상 헌옷가지들
훨훨 벗어던지고 알몸 들어내놓고
주고 받는 한잔술에
먹은 나이 녹여 마셔
순진한 아이들로 살겠네

2008. 5월 칠원 국민교 37 동창회

무지렁이 인생

언제나 덜렁되는
나는 조무래기 인생입니다
늘 빈깡통 실은 마차를 몰고
덜컹대며 달려 왔습니다
언제나
남의 밥이 더 많아 보여
마른 침을 삼키며
남의 것이 더 아름다워 보여
내 것을 빼앗긴 듯
울분 가득 분노하며
나 스스로를 동댕이쳐
모질게 짓 밟아 뭉개고
내 인생 추한 부서러기들을
세월의 강물에 뿌리며
울음 우는 울보 인생이었습니다

목이 메여 옵니다
소리내며 울 수가 없습니다
숨쉬기가 힘들어집니다
가슴판을 쭉 펴고

심호흡을 하며
크게 한번 소리를 질러 봅니다

가슴이 툭 터집니다
살아있음이 고맙습니다
쩝쩝쩝
시고 짠 세상맛에 입맛 다시며
저녁 노을 붉게 내려 앉은
마지막 바다를 봅니다
나는 죽음이 두려운
무지렁이 인생입니다

2008. 5월 명덕동우회 야유회를 다녀와서

서러운 삶

나이를 먹는다는 건
슬픔일 수 밖에 없다
노년 궁핍(老年 窮乏) (인미 언경(人微言輕)

차라리
치매라도 걸렸으면

산다는 것이 무엇인지도 모르면서
그저 잘 살아보겠다고
맹목적으로 발버둥치다
뭉그러진 내 인생!
하나님도 외면하는
"불신의 화신 '
늙을수도 없이 문들어진
"한의 화신"
묵묵부답 입을 다물 수박에 없다
종소리 그치고 난 교회의 종탑처럼
흐느낌마저 사라져 버렸다

하얀억새 머리채 흔드는 태풍에

무엇인가 내 알맹이를 날려보낸
이 허전함!
빼앗긴듯한 이 안타까움!

꼬개! 꼬개! 꾸겨서 깔고 앉아
뭉개적거리는 내 육신
입을 틀어막고 울어본다
소리없이 울려해도
터져만 나오는 탁한 울음
주체하지 못하고
갓 늙어버린
내 서러운 삶이여!

2008. 8월 냉전 속에서

나는 바보다

나는 나를 모른다
모른다는 사실도 모르는
나는 멍텅구리이다
삶이 무엇인가?
더욱 알수가 없다.

정녕!
잊어야 할 것들은 잊지 못하고
꼬개 마음 깊은 곳에 고히 간직하면서
다가올 일은 전혀모르는
골 깊은 어리석음이여
그저
가는 시간들을 공짜로 보내고
오는 시간들을 덤덤하게 맞을 뿐이다
나는
죽음이 무엇인가?
더 더욱 알 수가 없다
태여 났으니 사는것이요
죽으니까 죽는 것
바다로 흐르는 강물처럼

세월에 실려만 가는
작은 낙엽으로만 알았습니다

하지만
지금은
바다가 지겨움을 느낍니다
노을에 붉게 물들어 있는
바다를 물끄러미 바라보고 있는
나는
맹한 바보입니다

2008. 8월 인천에서

폭탄주(소맥주)

소맥
소주가 맥주속 깊은 곳
진액을 투하해
두 몸을 섞여 태여난
너 폭탄주

가난한 술군들
가슴 가슴에 파고들어
삶에 찌든 피로와 스트레스
한 방에 터뜨리고
풀 죽은 샐러리맨들의 기를 살려
신난다
땅을 박차고
하늘을 밀어 올린다

2008. 8월 포장마차 골목에서

아버지와 아들(1)

부자지간(父子之間) 불책선(不責善)
아버지와 아들은
둘이 아니고 하나이다

아버지는 아들의 우주다
전부를 다주는 공급자
갈길을 이끄는 길잡이
삶을 가르치는 훈육자
생명을 지키는 보호자로 살아간다

아들은 아버지의 희망이다
하늘이 주신 귀한 선물이다
든든한 기업인과
끈끈한 피가 흐르는 생명으로 이어간다

그 아버지에 그 아들!
아들은 알게 모르게 아버지를 닮아간다
그 자식을 길러가면서
아버지를 느끼며 아버지가 되어간다

쉼 없이 가는 세월 속에
언제나 한길에 서서 변함이 없다
그러나
아들이 아버지가 다 되었을 때쯤
그 아버지는 세상 짐을 내려놓고
아들 곁을 훌훌히 떠나간다
아버지가 된 그 아들이
어린 그 아들의 손을 잡고
한 길을 나란히 걸어가면서
가버린 할아버지를
애타게 그리워 한다

2008년 추석절에

아버지와 아들(2)

천천히 좀 가자!
앞서가는 아들을 향해 부른다
속도를 낮추고 뒤돌아선 아들이
죄송합니다
아버지의 손을 꼭 잡는다
처음에는 내가 앞에 가고
아들이 뒤를 따르며
종종걸음을 쳤는데
30년대와 60년대
두 사이에는 30여년의 긴 세월의 간격이 있다
나이 따라 빨라지는 세월은
발걸음이 늦어서인가 보다
늙는다는 것은 느림보가 되는 것은
발걸음이 멈추어지는곳에
죽음이 기다리고 있는가보다
지금은
앞서가니 뒤서거니 한길을 가는데
언젠가는
아들은 아버지를 볼 수가 없겠지?

2008년 추석절에

자식은 버거운 희망

자식은?
하늘이 주신 선물
나의 보물입니다
영원한 내 생명입니다

자식은?
소유한자의 품격에 따라 달라지는
요술구슬입니다

아비와 아들!
아비의 그 아버지는
산에 푸른 옷을 입히는 산지기
조상님의 혼을 감싸는 능지기 였습니다

능지기 그 아들은?
Working poor, 무능한 무산자
그 자식들이 피곤할 때
깃들어 쉴 한 그루 나무가 되지 못하고
세상 문지기로 초라하게 여기 서 있습니다

계룡남!
옛 말이 되고 말았나봅니다

문지기 아들들은
찌들은 아비의 묵은 때를 벗지 못하고
그 아비를 닮아만 갑니다

그 아비에 그 아들
빛 잃은 이끼 낀 보물로
자식은 아비에게 버거운 희망인것을!

2008. 어깨를 늘어뜨린 진호 내외를 보면서

우리

우리?
참 오묘하다
여기 우리라는 울 안에
내가 들어 있고 또 네가 들어 있다

나라는 하나를 둘러싸고
무한한 너들이
서로 어깨를 맞대고 있다
수직적 높낮이가 없이
저기 던져버려도 깨지지 않을
두리뭉텅!
둥근 친밀감이 있을뿐이다

기쁨도, 슬픔도, 즐거움도, 괴로움도
우리라는 그릇에서 비빔밥이 되어 나온다
우리가 우리를 우리 라고 비빌 때
상큼한 맛이 흘러 나온다
고소한 맛이 묻어 나온다
달콤한 맛이 울어 나온다
끈적끈적한 질긴 끈기로
잘, 비벼진 우리!
참 맛 있다

2008년 추석을 맞아

참살이

살아간다는 것은
좋은 일, -궂은일, 웃다 울다 가는 길이라
세상 사람들은 말들 하지만
잘 살아간다는 것은
좋고 좋아 더 좋아! 보람 있어 더욱 좋아
지금, 여기! 싱글 벙글!
오늘은 좋은 날! 신 바람 부는 날!
하늘과 땅이 입맞춤하는
가슴 벅차오르는 날!
새 길 영원하리라

언제나, 어디서나
기쁘고 즐거워 신 바람 일고
포근하고 따사로워 푸짐한 마음으로
예쁘고 아름다워 더욱 멋지고
튼튼하고 강건한 모습으로
슬픈 일에 지혜롭고 좋은 일에 능숙하여
옳고 바르고 정의롭게
온갖 거짓 다 밀어내고 진실만 남아
무엇이든

어렵지도 아니하고 나쁘지도 아니하며
더할나위 없이
잘 되고 참 좋은 일만 있어
늘 푸르고 풍요로운 “정아의 참살이”
언제나
믿음과 소망과 사랑이 가득하여라

2008. 12. 28. 현정의 결혼을 축하하며 고모부가

삶의 진혼곡

꼬불! 꼬불! 인생길
가파른 고갯길
숨차오르던 삶의 언덕배기
넘어져 괴로워하고 부딪혀 아파하며
고달프게만 살아온 삶
세월이 오는 것인지 가는 것인지
인생이 무엇인지 사랑이 또한 무엇인지
진작 알지도 못하면서
그저
덤벙되며 살아온 망나니 인생입니다

무산자의 아들, 딸로 서로 만나
비참하리만큼 숱한 엇박자 속에
가난이란 억센 굴레 벗지 못한 체
이제는 그저
기대도 포기도 없이 체념에 익숙해져
이렇게 무덤덤하게 살아온 인생입니다

꿈은 허무로 슬픔이 되고
슬픔은 찐한 아픔으로 남아
이야! 이야!
애잔함으로 삶의 진혼곡을 부르고 있습니다

2009. 3월 병원을 다녀온 그 사람을 보면서

칠순예배

꽃다운 새 색시가
벌써 칠순의 나이가 되었습니다
살아 있음에 감사합니다

초라하게 작아져만가는 우리 꿈속에서
커져만가는 죽음의 그림자
길게 뻗은 서산 기슭에서
무거운 삶의 등짐을 내려놓고
저무는 해를 물고
곱게 물들어 있는 노을
사그라져가는 마지막 정열로
아직도 숨쉬고 있음에
하늘 우러러 손뼉치며
목청껏 찬송을 부릅니다

우리 몸속 아직 남아 있는
마지막 소시개에 불을 지피어우리들
안박 구둘목을 덮혀
벌거벗은 홀가분한 모습으로
세월의 주름살속에 숨겨진

하얀 속살 들어내 놓고
오래 묵어 쉰내나는 냄새 풍기며
눈물먹은 웃음 물고
사랑의 기도를 합니다

나는 무지렁이 나무꾼
당신은 날개접은 천사

고맙습니다
미안합니다
감사합니다
사랑합니다
더욱 더
사랑합니다

2009. 4. 20. 왕비마마 고희를 맞아

여생

인생무상
아주 짧기만 한 인생입니다
젊어서는
마음 시려도
부풀어 오르는 가슴있기에
아주 멋지게 다가오던 세월이
이제는
그 시작도 끝도 희미하게
아주! 빨리도 달아납니다

얼마 남지 않은 여생
살아있음이 소중합니다

측은 지심(惻隱 之心) 운우 지정(雲雨 之情)
우리에게 필요한 것은
희비가 뒤 엉켜 있는
삶의 실타래를 푸는 일입니다
기쁨을 늘리고
슬픔을 주리는
하늘의 지혜를 찾는 일입니다

2009. 4. 20. 왕비마마 생일날에(칠순)

삶의 흔적

들고나는 손길에
묻어나는 삶의 흔적들이
현관 유리창에 찬 슬픔이되어 어른거린다
세월에 실려 오고간 사람의 손때
후-후-
입김 검게 불어 흐리우니
슬픔이 희끄무레한 안개를 피워
몸을 가리고
긴 날개를 펴고 파닥거린다
지우고 보고
또 지우고 봐도
또 다른 슬픈흔적으로 아물거린다

2009. 4월 현관문을 닦으며

갈매기 길

유조선이 쏟아낸 기름으로
뒤범벅이된 태안 앞 바다

크고 작은 손들이 찾아와
모래밭을 닦고 씻어
게 들의 발자욱을 찾아주었네

인간들이 토해낸 구토물로
검붉게 물들어버린 제부도 해안

하늘이 내려오고 바다가 솟아올라
수평선을 행구어
갈매기들의 길을 열어 놓았네

2009. 4월 바울전도회 봄나들이 제부도를 다녀와서

그리움

꼬르륵! 꼬르륵!
빈 창자의 울음소리
가난의 멧국물이 덧지 덧지 묻어
내 삶이 실종되여 있는 곳
머언 남쪽하늘 아래 "칠원"
잊고 싶어도 잊혀지지 않는
그곳에 가고 싶어라

한 고향 한 시기 태어나
발가벗고 함께 살다
서로 헤어져
같은 하늘 다른세상에서
낯설게만 살아온 타향살이로
달라진 모습들 구석에 밀쳐놓고
주름살진 이마 맞대고
하얀 마음 들어내 놓고
깨소금 추억을 주워 먹는
다정한 맨 얼굴들
"금의환향" 의 내 꿈
이루지 못한 허전한 마음자리에
곱게 곱게 새겨 봅니다

2009. 5월 국민교 동창회 가지 못하고

모기사냥

이리 뒷축 저리 뒷축
잠못들어 뒤척이는 밤
내 텁텁한 체취를 맡고
유일하게 노출되어 있는 내 얼굴을 향해
외로운 모기 한 마리
윙! 윙! 공격 싸이렌을 울리며 공습을 한다

내 오른손이 내 뺨을 후려친다
앗 헛빵이다
용케도 내 스스로 미사일을 피해
어디론가 사라져 버린다
벌떡 일어나 전동을 켜고
행적을 따라 수색전을 벌린다

아! 저기다
한놈이 아닌 두 마리가
손이 닿지 않을 높은 천정에
나란히 거꾸로 매달려 있다
아마 사랑에 빠져 있는 연인인가보다

제 2차 반격!
에프킬라 살포!
한 놈이 날개를 접고 낙엽처럼 떨어지는데
한 놈은 뽀얀 안개탄을 피해
어디론가 줄행랑을 친다

아마 그놈이 강한 수놈인가 보다
내 돋보기 레이다 망을 피해
구석진 곳에서
놀란 가슴으로 떨고 있을 것이다

"사랑 때문에 나 죽을 뻔 했구나?"

2009. 8. 30.

죽정이 인생

쉰 매미울음이
따가운 여름 열기를 식히고

투명한 날개짓으로
밀어올린 맑은 하늘자락에
빨간 고추잠자리 한가롭다

한낮 쨍한 늦여름 햇살에
꽃나무들 꽃씨를 떨어뜨리고
오곡백과 탐스럽게 영걸어가는데
노루꼬리만큼 남은 내 인생
무엇하나 일구어놓은 것 없이
말라붙어 사그라진
이 허전함을 어쩔고?

이제 곧 삭풍이 불어 올텐데
가느다란 풀벌레 울음에 가슴 시려온다

누군가의 무등을 타고
허공을 휘 저으며
산다는 것의 소용돌이 속에서
찌든 싱그러움
헹궈지지 않는 이 서글픔
죽정이 내 인생을 어찌하리?

2009. 9월 밸류나인 부도를 보며

기도하는 손

외로운 외톨이 아들이
다복한 큰 누나 만나
둘이 사랑을 하였다네

오누이 네 자식이
그 짝궁 얻어 여덟자식 되었다네
그놈들이 사랑하여
일곱 색깔 보물을 덤으로 얻었다네

열 일곱 3대가 한자리
"왁자지껄"
사랑 냄새 짙게 풍기다
훌훌히 떠나간 텅빈 작은 셋집
댕그랑 남겨진 두 늙은이

단물 쏟아내고 쭈그러진 패트병
알맹이 다 내어주고 흩어러진 포장지
돼지우리 같이
평화가 어지러진 밥상머리 치우던
주름진 손길 모아

자식들을 위해 기도를 한다
제발!
"잘 살아만 달라고"

신앙은
죽음에 다가올수록
공고해 지는가 보다

자식들을 길러낸 위대한 손
살며시 잡아보는
내 눈가에 눈물이 맺힌다

창가에 얼굴 내민 보름달이
옆집 장독대 옆 감나무 가지끝에 걸려
장대높이로 넘어가며
환하게 웃고 있다

2009. 10월

노점 할배

작은 창문이 있는 상가도 아니다
지붕 촘촘이 물고 늘어진 골목길도 아니다
푸른 옷가지 벗어버린 은행나무 밑
큰 길 건널목이 있는 언제나 그 자리
그 흔한 바람 막이 하나 없이
얼마 안되는 야채들을 늘어 놓는다
배추, 무, 감자, 고추, 마늘, 파
신기하게도
삭풍이 불고 얼음이 어는 이 겨울에도
푸르름은 잃지 않았다

야채를 만지작거리는 할매
머리에는 하얗게 바랜 세월의 흔적 이고
찬바람이 휘감아 돌아 언 두터운 손 마디를
입김으로 녹이며
손님 기다리는 숯덩이 마음
소쿠리에 담아
하나 둘 늘어놓는다

2009. 11월 염창역 2번 출구 노점 할머니를 보며

작은 사랑(참 사랑)

사랑은 크고 대단한 일이 아닙니다
작고 사소한 일입니다
사랑은 태산을 옮기는 일이 아닙니다
언제나 인정하고 이해하며
살포시 안아주는 일입니다
사랑은 바라고 받는 일이 아닙니다
그저 주고 베풀며
백지 한장 마주잡고 함께하는 일입니다
사랑은 결코 위대한 것이 아닙니다
거추장스런 치장 털어내고
있는 그대로 솔직하고 살가운 간지러움입니다

사랑은 애써야 하는 것입니다
마음이 녹슬지 않게 닦아주는 것입니다
얼지 않도록 따스하게 품어주는 것입니다
사랑은 영원한 것입니다
노을진 저녁 하늘 아래
다정히 손잡고 공원을 거니는 것입니다

2009. 12. 16. 45주년 결혼기념일에

기다리는 마음

날마다 아침
일찍 일어나 푸른 하늘을 봅니다
내가! 고개를 치켜 들고 하늘을 보고 있음은
결코! 가을 하늘이 높아서가 아닙니다
하늘에 계시는 주님을 사모하는 마음입니다
날마다 일찍 대문을 열어놓고
깨끗이 청소를 합니다
내가 집안을 쓸고 골목에 물을 뿌리는 것은
단순히 길을 깨끗하게 하려는 것이 아닙니다
다시 오실 주님 반겨 맞을 준비를 하는 것입니다
저녁, 잠자리 들기 전
창문을 열어 제치고
밤 하늘을 봅니다
내가 손을 들어 별을 헤이는 것은
단지 별들의 아름다움 때문이 아닙니다
주님 강림의 찬란한 빛을 그리는 마음입니다
늦은 밤
이렇게
잠을 이루지 못하고 뒹굴고 있는 것은
결코 내가 근심걱정이 많아서가 아닙니다
언제나 오실 우리 주님 기다리는
간절한 마음입니다

2009. 12. 25. X-MAS 맞아서

잠 못 이루는 밤

단단하지도 폭신거리지도 않는 외로움
두껍지도 얇지도 않는 고요를 덮고 누운 밤
오래 견딘 무릎관절이 우두둑 신음을 한다
그동안 잠잠하던 심박은 동허리가
자기존재의 빼근한 신호를 보낸다

귀가 우는 것인지 머리가 우는 것인지
가늘고 긴 음파를 쏘아 잠을 쫓는다
귀를 틀어막고 창문을 닫아본다
"소용없다"
깊어가는 밤의 고요속에 소리는 점점 커질 뿐이다
이리 뒷죽 저리 뒷죽
비몽사몽간에
나는
절박한 외출을 시도한다
방문이 열리지 않는다
밖에서 누가 걸어 잠가 버렸나보다
열린 창문으로 탈출을 한다
강을 건너고 산을 넘어 허공을 가른다
낯익은 고향 하늘이다

하지만 옛 친구도 아는 사람하나 없다
나는 어디론가 첫사랑을 찾아가야한다

되돌아서는 내 뒤통수에
무거운 호통소리가 난다
"에이 못난 놈"
낯설어 서러운 아버지의 음성이다
깜짝 놀라 뒤돌아본다
엇!
천만척 되는 절벽이다
몸을 가눌 새도 없이
나는 곤두박질을 한다
비명을 지른다

건너 안방 또 하나의 내가 달려와
나를 사정없이 흔들어 깨운다

또 허깨비를 만난거야?

2009. 12. 31. 한해를 보내는 그믐 밤에

새해 아침

올 겨울은 몹시도 춥다
눈 까지도 유난히 많이 내린다
모든 것이 주검처럼 흰 가운으로 덮혔다
건너 편 2층 양옥집
등 굽은 소나무 한그루
소복단장을 하고 서서
울 너머로 읍을 하고 있다

없음도 없는 저 부재의 그 너머로
한끼의 모이를 찾아 넘고 돌다
힘겹게 눈 쓸어놓은 집안 쓰레기통 주위에
비둘기 한무리 내려 앉아
몇 번이나 맴돌고 있다
모두가 희노란 맨발이다
그중에도 절름발이 한 마리
이리 저리 밀침을 당하고 있다
새어보니 17마리
용케도 우리 식구다

나는 쌀 모이로
비둘기 식구의 밥상을 차려놓고
새해 아침을 연다

2010. 1. 1.

세배

기축년 주름진 시간들
세월의 고개 너머로
아쉬움속에 보내고
경인년 설날 아침
와자지껄
한 살 나이를 더하는
내 생명의 꽃돌이
"빨.주.노.초.파.남.보"
무지개 되어
건강하게 오래사시라며
가지런히 절을 한다

살만한 세상
생기가 도는
싱그러운 설날 아침이다

고목가지에 돋아나는
연두빛 어린 잎새보듯
설은
새로움으로 맞을 것이다

알큰한 숨결로 남은 눈 녹이며
하늘에 뺨을 비비며
내미는 매화꽃 방울처럼
설은
소망으로 맞을 것이다

2010. 2. 13. 경인년 설날 아침

겨울 들판

가진 것 다 내어주고
아무것도 없는 겨울들판
두렁에 서 있는 초라한 허수아비
얼어붙어 있는 빈 돌판을 지키고 있다

듬성! 듬성!

채 녹지 않는 눈발이
대지의 품안으로 녹아들기 바라는
간절한 기다림으로 서성대는 농부
햇볕 따사로운 작은 문턱에
키 작은 들풀들이 모여 앉아
살얼음 풀리는 소리
쫑긋 귀 기울이며
연초록 작은 얼굴 내밀어
살짝 윙크를 한다

2010. 2. 13. 설날 성묫길에서

겨울나무

매서운 겨울 칼바람에
푸르름 다 내어주고
골격으로 버티어 서 있는

겨울나무의 진실!

빙 빙 빙
갈까마귀 떼 하늘 돌며
위로 비행을 한다

살 한점 붙지 않는
순 마디로 견뎌내는 고통 있어도
머지 않아
산들바람 간지럼에 피여날
푸르른 꿈을 품고
새록! 새록!
초록의 숨길로 겨울을 나고 있다

2010. 2. 13. 설날 성묫길에서

겨울 바람

누군가가
더럭! 더럭! 창문을 두드린다
창문을 여니
밖에 웅크리고 앉아 떨고 있던 달빛이
비둘기처럼
우르르 몰려 들어온다

행여 때를 놓칠세라
한 줄기 겨울바람이
잽싸게 뒤 좇아들어
내 오금을
차갑게 만지작 거린다

2010. 2월 정월 보름밤 옥상에서

대지는 엄마를 품고

꽃은 나비를 위해 피어나고
나비는 꽃이 좋아 춤을 추누나

아지랑이는 푸른잔디 끝에서 하늘거리고
잔디는 아지랑이를 타고 온
빛 살을 먹고 싱그럽구나

하늘은 돼지를 감싸안고
대지는 세상을 품고
세상은 엄마의 품에서 포근하구나!

2010. 5. 5. 성묫길에서

초록향기

나뭇가지 연초록 기쁨이여
대지의 골수에서 흘러나오는
봄물을 마시고
생글거리며 돋아난
연초록 싱그러움!

내 작은 가슴에도
엄마의 젖 무덤에도
대지의 비탈지에도
넓디 넓은 하늘에도
찰랑! 찰랑!
출렁이누나

2010. 5. 5. 성묫길에서

화석처럼

나는!
하늘과 땅이
입 맞춤하는 화음처럼
당신과 하나되여
부르는 찬송이고 싶어라

나는!
언제나 영원히
물에 타지 않는
오래된 화석처럼
당신의 가슴 깊숙한 곳에
바로 새겨진
변치 않는 사랑이고 싶어라

2010. 5. 8.(3. 25) 대비마마 생일에

이사

아무리 씻어내도 없어지지 않는
가난의 추한 얼룩들
내 몸에
덕지! 덕지! 배여 있다

70여년 긴 세월 간
무능의 잔재들이 쌓인 흔적인걸
그 어찌하랴?

얼룩진 흔적위에 하얀 분을 바르고
주름진 울음 숨기고
쓴웃음 웃는 얼굴로
저린 걸음으로 절룩거리며
그래도 라는 로타리를 돌아
번지도 없는 헌집 허물로
이름 있는 새 집으로
오늘 이사를 한다

2010. 11. 25. 역촌동으로 이사를 하면서

작은집 작은 하늘

우리 작은집
작아서 아담한 내 방
작은 창문을 열면
시네마스코프의 작은 하늘이 있다

해와 달이 숨바꼭질 하는 가운데
바람이 놀고
솜털구름 흐르는
살아 움직이는 파아란 하늘이 있다

신이 붓을 들어 파란도화지에
회색 물감으로
사자와 토끼
독수리와 비둘기
고래와 새우가 함께 노는
평화를 수 놓고

마셔도 줄지 않는 맑은 공기
쏟아도 없어지지 않는 생수 가득히
생명이 약동하는 만물화를 그린다

밤이면 반짝
별빛을 새긴다

내 작은집
작은 하늘은
단 한순간도
한 장면도
똑 같은 모습을 연출하지 않는다
언제나
새로움을 만드는 마술사

지쳐 있는 나에게
늘 생기를 불어넣어주는
내 작은 우주이다

2010. 11. 30. 역촌동으로 이사를 하고 전입신고를 마치고

목련화

유달리
긴 하얀겨울
모질게 움추렸던 가지
봄 햇살 간지름에
하얀 입술 내 밀어
마알간 하늘자락에 뽀뽀를 한다

야트막한 벽돌담장 너머
님 향한 그리움에
추억을 먹고 자란
한 아람 봉곳한 부푼 젖가슴 내 밀고
유난히 흰 여인의 속살을 들어낸다

눈이 부신다
가슴이 울렁된다

2011. 4. 1. 현관 맞은 골목길에서

공동묘지

물이 합쳐지는 곳엔
언제나 소용돌이가 있다

먹구름 부딪히는 곳엔
천둥일고 번개가 번쩍인다

하늘이 노했다!
이를 어쩌나?

두 마음을 썩는 일이 전쟁이다
으르렁 쾅!쾅!
내 가슴 밑 바닥으로
바위 구르는 소리가 난다

모진 풍파
거친 산 사태
휘몰아간 긴 세월
지긋지긋한 다툼의 46년
하얗게 바래진 내 영혼
주검이 숨쉬는
공동묘지를 향한다

2011. 4. 4. 한바탕 전쟁을 치르고 나서

죽고 싶어라

하늘이 너무 푸르러
치어다 볼 수가 없다
살아 있다는 것이 창피하다
언제나 먹구름 일고
비바람 몰아쳐
지척을 분간치 못하는
그림자 없는 내 인생
빛 바랜 어둠속에서
삶의 멀미를 하며
죽음의 벽을 기대고 있다
969년의 므두셀라의 삶이 아닐진데
지금 바로 여기서
생의 종지부를 찍었으면

2011. 4. 9. 계속되는 냉전 속에서

지옥

"김일규"라는 이 인간아!
그 사소한 일 하나 참지 못하고
목숨 걸어 분개하고마는
이 미친 오기를 어쩔고
비겁자!
졸장부!
참 꼴불견이다

이를 어찌할꼬
너무 부끄럽다

나가 죽어라!
천국 문 앞에서 서성거리다
세상을 강간한 족쇄를 차고
지옥으로 쫓겨난다

2011. 4. 10. 냉전은 계속되고

대교가 흔들린다

46년
긴 세월!
한 순간에 모질게 내리는가?
피가 거꾸로 흐르는 아픔이다
모든 것을 휩쓸고 간 홍수 뒤 허탈감
내 마음 낮은곳에
불신과 원망이 그대로 똬리를 틀고 있다

사랑, 행복 따위가 가당찮는 내 인생
구름되어 허공을 두둥 떠갈뿐이다

어떻게 해야만 할지
어디로 가야할지도
머물지도 못하는 발길이
불광천 흐르는 물길 따라가고 있다
흐르면 흘러갈수록
물은 도시의 잔해들을 머금고
희뿌옇게 탁함을 더해만 간다

낮은 곳으로 한강 둔치 돌계단에 앉아

추락하는 해를 먹고 붉게 떠 흐르는 강물에
내 피곤한 눈길을 떨어뜨린다
그만 뛰어들어 물고기 밥이 되었으면

강물은 속삭인다
사는게 다 그런거라고
모든게 다 흐르는 것이라고

죽음이 사는 것보다 어렵다고
개똥밭에 굴러도
이성이 저승보다 낫다고
강물은
노을을 살려먹고 어두움을 깔고
쉬지 않고 유유히 흐른다
한강을 건넨다
성산대교가 흔들린다

2011. 5. 8.

절벽

나아갈수가 없다
물러설수도 없다

발끝은 천만척 낭떨어지
사방은 빈 하늘뿐이다

여지껏 뒤돌아볼 겨를도 없이
쉬지 않고 달려온 곳이
절벽이라니
아! 분하다!

고개를 들어 창공을 본다
구름 한 점 없는 파란 하늘
아! 새롭다!

절벽의 기류를 타고
비상하는 갈매기 한쌍
아! 힘차다!

2011. 7. 3. 인천을 다녀와서

옥탑방

장대비가 내린다
마음이 차갑게 젖어든다

손발이 저려온다
팔 다리가 뻣뻣하다
눈이 흐려오고 뒷골이 뻐근해 온다
내 몸뚱아리도 내것이 아닌것만 같다
뒤틀리는 허리통에 마음이 뒤엉킨다

미치광이의 발광이다
흔들리는 중심 세 다리 걸음으로
비를 맞으며 얼굴을 훔치며
빈 옥상을 돌아본다

아픔이 가시지 않는다
아파도 아프다고 말할 수 없다
들을사람 아무도 없다
아픔보다 외로움이 더 크게 엄습해온다
하나님도 부처도 다 외롭다
죽음보다 더 찐한 고독함이여!

그 사람의 입김이 그립다
내 사람들 전화가 기다려진다
오늘도
하루가 더 짧아진
남자의 마지막 이름 할애비
비에 흠뻑젖은 몸뚱아리를
살며시 녹이고
마른 타올로 다독여 본다

2011. 7. 14. 냉전 100일을 맞아서

추석을 지내고

아이들이 한바탕 떠돌다 간자리
썰물이 썰고 나간 갯가처럼
적막함 감도는 작은집에
허전함이 싸한 슬픔되여 가라 앉는다

둘째의 반란이다
은하수가 흐려져 비가되여 흘러내린다
역시
자식은 버거운 존재인가 보다

제발! 잘 살아달라고!
복 받으라고!
자식의 삶을 비는, 엄마의 마음이 아프다
구원 받으라고!
영생을 누리라고!
자식의 주검까지도 걱정하는
엄마의 애절함이 너무 애닯다

父子之間 不積善이라
엄마는 은하수를 믿는다
그러고 사랑한다
그래서 통곡한다
지워버릴 수 없는 자식의 잊어버린 영생을 어쩔꼬?

2011. 9. 13. 추석절을 지내고

하늘을 본다

산다는 것이 역겨워
짜증을 부린다
머리를 흔들어 애써 지우려해도
얼굴이 일그러 지는 것을
치밀어 오르는 분노로 가슴을 쳐본다
땅을 박차고
하늘 향해 소리 질러본다

소용없다
미치광이의 흉한 발광일 뿐이다
구름을 타고 어디론가 두둥실 떠갔다
파도 거칠은 바다를 건너고
황량한 사막을 지나다
메마른 기류를 만나
그만 곤두박질을 하고 만다

나 스스로의 작은 무덤을 파고
살포시 들어누워 눈물 흘리며
하나님 아버지를 불러본다

네 믿음이 네 양식이 되기 까지는
부활이 있어야 하느니
부활은 곧 죽음을 거쳐야 하는 것
죽음에는 십자가의 고통이 따르는 것을

사랑하는 아들아!
여기에
진정한 믿음의 가지가 뻗고
확실한 소망의 꽃이 피고
참 사람의 열매가 맺느니라

그래 그간
너는 아무것도 없는 공허속에서
무엇을 보았느냐?
너는 도대체 무엇을 하였느냐?
가슴이 찡해온다
아버지의 매서운 질책에
내 십자가를 지고
골고다 언덕을 올라
십자가에 못을 박는다

믿음! 소망! 사랑! 넘치는
부활을 꿈꾼다

2011. 10. 8. 냉전 200일을 맞아 부활의 꿈을 꾸면서

몽돌

잘 다녀오세요
아주 어렵게 인사를 한다

머물지 못하는 바람처럼
줏대 잃은 내 마음
한 바가지 사랑의 마중물로
생수를 마시고 생기가 돌아
두둥실
흰 구름 양탄자를 타고 하늘오른다
새로움이 있는 세상으로

먹구름 걷치고
파도도 물러나고
햇빛 쏟아지는 해변
둥글! 둥글!
그 어디에 굴러도 잘 어울리는
아름다운 몽돌을 본다

2011. 10월 바울 전도회 가을 야유회를 다녀와서, 완도 해변에서

철길

가도 가도 오직 한길
언제나 나란히 간다
때로는 구부러져도 변함이 없다
가파른 오르막길을 만나도
언제나 함께 오르고 나란히 내려간다
가다가 태산을 만나면
힘들여 터널을 뚫고 어둠을 헤치고
강을 만나면
애써 다리를 놓고
덜컹대며 물위를 지나왔다
폭풍우가 마구 쏟아지고
차가운 눈보라 휘몰아쳐도
우린 나란히 함께 달려왔다

철길은 외길이 아니다
언제나 나란히 가는 쌍길이다
비록 우리가 겹쳐지지 않는
각자 외길을 달려와도
서로의 심장 박동수를 느끼며
한치의 어긋남이 없이

일정한 간격을 유지하며
둘이 하나되여
철길되여 달리고 있다

이제 석양에 붉게 물들은 들판을 지나
저기 종착역을 바라보며
마지막 기적을 길게 울린다

2011. 10월 지하철에서

쓰레기

나는 오늘도 쓰레기를 뒤적인다
잃어버린 삶을 찾아서
애 끓는 사연들을 듣고자 귀를 기울인다

두 눈 부릅뜨고 있는 깡통의 분투
병 속에 남은 외로운 갈망
녹슨 쇠 붙이의 우울함
재활의 길을 찾아
그 종류대로 분류를 한다

나는 지금 쓰레기를 뒤적인다
먹고 마시고 뱉고 싸고하는 것이전부인
삶의 의미를 찾아서
먹이고 입히고 재우고 그러고
줄 것 다 내어주고 버림받은
잡다한 생활 쓰레기의 애잔함
주어진 일에 몸을 다 바친 몽땅 빗자루의 절규
알맹이 다 떨리고 바람에 딩구는 비닐봉지의 허무함
매립지! 소각장!
장사지낸 마지막 염을 한다

언제 버려질지 모르는 두려움 안고

2011. 12월.

나는 등신

아야! 아야!
찬기가 자연스럽다
똑! 똑!
노크도 없이
내 안방을 찾아온 무례한!

허리가 뻣뻣하다
절룩! 절름발이 다리가 시리다
우두둑! 뼈 마디가 울음 운다
손 발이 저려온다
희뿌옇게 앞이 흐리다
하늘이 노랗게, 현기증이 난다
이빨이 아려 씹을수가 없다
어디 한 곳 성한데 없는 내 몸뚱아리
삶의 구석진 자리로 몰아 붙친다

반갑지 않는 손님들!
그러나 모질게 내 몰수가 없구나
이웃사촌 같은 연민을 어쩌랴
내 살기 위해 너를, 너 살기 위해 나를

아프게 하면서도 같이 살아야 할
묘한 공생의 관계라면

심하게 다투지 말고
적당히 양보하고 타협하며
얼마 남지 않는 날
사는 그날 까지
우리 함께 살아가자구나
너를 사랑하는등신 이란다

2011. 12. 31. 신묘년을 보내며

새해

아침 해가 떠오릅니다

구름 짙으면 비가 내립니다
거기에 바람이 불면 폭풍우가 됩니다

울분이 가득하면 눈물이 납니다
여기에 성을내면 분노가 됩니다
분노가 치닫는 곳엔 광기가 춤을 춥니다

나는 언제나
울고 있는 짠보로 살았습니다
내 것을 빼앗긴듯 분노하며 살았습니다
곧 자멸이 있을 뿐인 것을

나는 진정 몰랐습니다
이것들은 그냥 내 버려두면 제 풀에 사라지는 것을!
나는 이제야 알았습니다
구름 거친 하늘은 언제나 푸르러 있다는 것을

이제는 삶이 힘들어도
나는 두려워하지 않을것입니다
비록 삶이 나를 속일지라도
나는 결코 울지 않을 것입니다
근심 걱정 따위가 나를 비겁자로 만들지는
못할 것입니다

부러움도 바램도 없습니다
헛된 욕심 다 버리고
있으면 있는대로 없으면 없는대로
주어진 내 삶 그대로 다독거려
힘써 일하고 애써 사랑하며 살렵니다

아침 해야 솟아라!
어둠 살라먹고 빛을 발하라!
일어나
움츠렸던 네 활개 활짝 펼쳐보자

2012. 1. 1. 임진년 새해를 맞아서

천국은 내 마음속에

손으로 떠보면 마알간 강물이
놓으면 푸르른 강물 됩니다

눈을 내려오면 투명한 하늘이
들어오면 파아란 하늘 됩니다

내 인생 살짝 놓고오면 무지렁인데
치켜들고 보면 일곱색깔 무지개 피여 있습니다

지금 마음 언짢아도 이해하면 평안이 오고
여기에서 사랑이 피여납니다

비록 삶이 벅차고 보잘 것 없어도
살다보면 좋은날 오겠지요

천국과 지옥!
이것은 결코 따로 있는 것이 아닙니다
이해하고 사랑하면 이것이 천국입니다
몰이해하고 미워하면 그것이 지옥입니다
또한 그것이
하늘에 있고 땅속에 있는 것도 아닙니다
천국과 지옥은
모두 내 마음 집에서 동거하고 있답니다
때로는 자리 다툼을 할 뿐입니다

2012. 1. 1. 설날 아침에

학생의 마음

학생은 공부의 고운 이름이다
공부란 진리의 무등을 타고
궁금함이란 마당을 뛰노는 왕자놀이다
숨은 것을 찾아내는 숨바꼭질이다
찾으면 재미있고
못 찾으면 짜증나는
숨겨진 보물을 찾는 보물찾기이다
이것은!
빈 창고에 알맹이를 채우는 일
늘 밥을 먹는 일
곧 살아가는 일이다

"삶이 어렵고 힘들다고 주저 앉는 것은
진정 학생의 마음이 아니다"

교복을 입어 몸을 곱게 단장하는 것
마음을 다듬는 일
곧 세상을 꾸미는 일이다
이는!
인생의 알맹이를 차곡 차곡 채워가며

학생을 Smart하게 만드는 일이다

날로 부풀어가는 성취감
자꾸 뜨거워지는 가슴
성숙으로 영걸어가는 익은 마음

이것이
학생의 참 마음이다

새해 첫날
주먹 불끈 쥐고
하늘 찌르며
불꽃 튀는 고함!
크게 한번 질러보자

2012. 1. 23. 설날 아침 세배를 받으며

주말 성찬

라면 면발처럼
긴 한 주간
마지막 날 토요일 저녁
고독한 내 밥상
투박한 보시기에
하얀 거품 물고
보글! 보글! 끓어오르는 잘 익은 된장국
구수한 엄마맛

자연의 향기 그윽히 묻어나는
버선 벗은 새하얀 냉이무침

싱그러운 봄 맛 흘러나는
새파란 풋나물 무침

향긋한 고향 내음 풍기는
곰피 미연 돗나물 바다의 미끄러움 맛

엄마의 짜릿한 손맛으로
잘 차려진 내 주말성찬

두 손 모아 감사의 묵도를 한다

2012. 4월 밥상을 받고서

여름 옥탑방

하루종일
뙤약볕에 달구어진 작은 옥탑방
열대야에 잠못 이루고
목말라 뒤척이는 여름밤
배고픈 설움
울고 있는 텅빈 냉장고
땡그랑! 차가운 물병 하나꺼내
타는 목을 적신다

제멋대로 흩어러진 홑 이불 위에
그 언제부터인가
창문을 넘어온 달빛이
하얗게 풀어 누워 있다
밝음이 싫어
먼지 쌓인 방구석에
코를 쳐박고 숨어 있던 모기 가족
윙윙 신이나
님 찾아 달빛에 유영을 한다

불청객들아!
나를 찾지 마라
나는 그대의 님이 아니란다
그대들의
신나는 날개짓 소리를
나는 감당할 수가 없단다

매정스럽다
울지를 말아라
모기향에 불을 붙일 수 밖에 없구나

모락! 모락!
피어오르는 연기향 속에
저 남쪽하늘 달빛에 묻어와
함께 떠오르는
희끗한 다정한 얼굴
술 한잔에
우리들 우정을 타 마시고
하얀 달빛 껴 안고
잠을 청한단다

2004. 9월 잠못 이루는 여름 옥탑방에서